CW01044116

Intemperie

haiku, senryū y zappai en Toledo

Ruth Mª Rodríguez, Jesús Durán, Agar R. Pacheco,
Dani Modro, Carlos Rodrigo, Jaime Lorente.

sabi - shiori

Número 2

Sabi-shiori

-Colección general-

© De los poemas: Ruth Mª Rodríguez López, Jesús Durán López, Agar Rodríguez-Tembleco Pacheco, Daniel Modroño Rodríguez, Carlos Rodrigo López, Jaime Lorente Pulgar.

Imagen de portada: pixabay.

Imagen del logo de sabi-shiori: «Kyoriku (1656-1715), Retrato de Bashō (como el "nuevo" Saigyō), Kakimori Bunko, Itami».

Sabi-shiori: sabishiori.blogspot.com

Para contactar con el editor: haikutoledo@gmail.com

Instagram: @sabishiori

Editado en Toledo.

Primera edición: marzo de 2023.

ISBN: 9798374280029

Reservados todos los derechos. Esta obra está protegida por las leyes de copyright. Ni la totalidad ni parte de este libro puede reproducirse o transmitirse por ningún procedimiento electrónico o mecánico, sin permiso de sus autores.

ÍNDICE

Notas previas

1.- La esencia de una forma poética

El haiku es uno de los puntales estéticos y literarios de la cultura japonesa. Esta breve composición se ha definido como una poesía del asombro, de las sensaciones o del instante y fue dignificada por el maestro Bashô en el siglo XVII. El haiku reproduciría, según sus palabras, «*aquello que está sucediendo en este lugar, en este momento*».

Podríamos buscar semejanzas en un fotógrafo detenido con su cámara, captando algo que le ha llamado la atención... o en un niño que dice a su familia: *¡mira!*... Porque en aquel dedo señalando, en aquella sensación de sorpresa, emoción o inquietud (que los japoneses denominan *aware*) permanece la raíz de un haiku.

Para la cultura japonesa, la realidad (o la existencia) se forma a través de los sucesos que sostienen el mundo. La matriz de fondo fue el taoísmo: el haiku capta e inmortaliza *el aquí y el ahora* como una realidad vestida de respeto y veneración. Lo *particular* y concreto, desapercibido en ocasiones por nosotros, permite lo *universal*, que la vida *sea*.

El *haijin* o poeta del haiku exterioriza su asombro o emoción ante una realidad cambiante que sucede y existe. Nuestra misión es capturar y transmitir aquellas acciones, a menudo desapercibidas, que conectan, relacionan y unen las piezas del puzzle contemplado por los sentidos.

Porque el escritor, *conmocionado* ante la realidad y su impermanencia, escucha en silencio los sonidos del bosque o de la ciudad, observa el lento viaje del caracol y la huella de su rastro, siente las gotas de la lluvia, huele la tierra mojada y la humedad de un edificio, observa la vida cotidiana y las festividades del ser humano...

Es una realidad que siempre ha estado ahí fuera mientras nosotros nacemos y morimos, generación tras generación: sólo somos un huésped de paso más en su estancia misteriosa. Por ello, necesariamente el haiku es el arte de la modestia, de un continuo camino de aprendizaje que recupera en nosotros ciertos rasgos de humanidad perdida.

Por ello, a mis alumnos les digo que el haiku es literatura, arte, pero al mismo tiempo una especie de *carpe diem* a la japonesa: una *actitud ante la vida* que cambia nuestro modo de *ser* y *estar* en el mundo.

Aunque no es frecuente indicarlo, el haiku es un poema heterogéneo desde su origen a través del *hokku*: hoy se ha desarrollado en múltiples caminos, escuelas o estilos tras el impulso de Shiki, padre del haiku moderno. A menudo se describen dos corrientes generales: tradicional (*Dentô haiku*) y renovadora (*Gendai haiku*), que difieren en la forma y el contenido.

A.- La tendencia renovadora (*Gendai haiku*).

Los poetas de este grupo ecléctico y heterogéneo anteponen fondo a forma, pues prevalece lo *vivido*, sea en una trinchera, un edificio, un bosque o un parque. El concepto clave fue acuñado por Kaneko Tōta (1919-2018), *ikimonofūei* (composición poética sobre todas las cosas y seres animados) es decir, sobre todo lo que recae en la acción sensorial. Por ello, algunos poetas de este amplio grupo introducen los sentimientos, el haiku urbano sin presencia de ciclos naturales, el haiku de conciencia social, etc.

Toman como precedente o punto de partida la obra del reformador Shiki (1867-1902) quien aboga por el concepto estético de *shasei* (esbozo de la vida) o descripción de lo contemplado donde no se excluye el elemento subjetivo o emocional.

En cuanto a la forma, hay flexibilidad en versos y *moras* (sílabas en Occidente), esto último como proceso de la adaptación internacional del haiku a las diversas realidades lingüísticas.

Además, la *Declaración de Matsuyama* de 1999 ahonda en este camino, afirmando que ni el 5-7-5 ni el *kigo* o palabra estacional son imprescindibles lejos de Japón.

B.- La tendencia tradicional o conservadora (*Dentō haiku*)

Tras las Segunda Guerra Mundial se afianza con el grupo conservador *Haijin Kyōkai*, cuyo presidente fue Nakamura Kusatao. Fondo y forma deben permanecer en equilibrio.

Su origen se encuentra en uno de los discípulos de Shiki, Takahama Kyoshi (1874-1959) quien desarrolló el estilo *kyakkan shasei* (descripción sólo objetiva de lo percibido, basada en el ideal *kachōfūei*: escribir exclusivamente sobre los ciclos naturales y sus cambios de forma tradicional -las aves, las plantas, la flora, los animales). De este modo, rechaza el haiku con motivos urbanos, la subjetividad y los elementos emocionales del poeta. Kyoshi también acuñó el término *yūki-teikei* para referirse al haiku como un poema con *kigo* y un patrón métrico de 5-7-5 *moras* o sílabas.

Como indica Hiroaki Sato en su artículo «*Gendai haiku: what is it?*», este grupo conservador presentó en 1999 «una solicitud o demanda a los editores basada en que los libros de texto escolares incluyeran sólo *yūki-teikei* haiku. Argumentaron que en el haiku «*el kigo y el 5-7-5 son inseparables*».

2.- Un proyecto llamado «Intemperie».

En este 2023 se cumplen 51 años del hermanamiento entre la ciudad japonesa de Nara y Toledo. Es llamativo que no se hubiera publicado hasta la fecha ningún libro de haikus escritos en nuestra ciudad, así que esta obra pretende cubrir ese vacío fortaleciendo, de forma indirecta, el vínculo entre ambas.

Para ello, me puse en contacto con amigos poetas residentes en Toledo que han compuesto *haiku, senryū* y *zappai* en algún momento de su trayectoria.

El libro recoge las creaciones que cada autor ha seleccionado, así como una breve biografía. Podremos apreciar numerosos matices, desde haikus escritos en un entorno puramente natural (un bosque, una montaña) hasta aquellos que reproducen el ámbito urbano (con o sin elementos artificiales). Este eclecticismo, visible en la publicación, manifiesta nuestras plurales inquietudes sobre el haiku. Pero también se ha incluido el *senryū* o sátira, burla e ironía sobre la condición humana, que muestra la *intención* del poeta. Por ultimo, el *zappai*: idea y ocurrencia sin suceso, similar a la greguería o el aforismo.

Concluyo: quisiera agradecer de corazón a Ruth, Agar, Jesús y Dani su desinteresada y positiva colaboración para que este proyecto sea una realidad. Y a Carlos, también, que nos abriera generosamente las puertas del Castillo de san Servando para dar cabida a la presentación del sello de publicación *Sabi-shiori* y de este libro.

Jaime Lorente

INTEMPERIE

haiku, senryū y zappai en Toledo

Ruth Mª Rodríguez

Toledo, 1977. Autora de los poemarios *El viaje de la guerrera* y *Un pozo de agua crujiente* (Lastura Ediciones), a esta última obra pertenecen algunos haiku de las próximas páginas. Fundadora en 2009 de Verbalina.com, donde imparte talleres y organiza eventos literarios hasta la fecha.

Ha participado en obras colectivas como *Un viejo estanque. Antología de haiku contemporáneo en español*; *Poetas en Toledo. 103 voces en el siglo XXI*; *VI y V Encuentro Internacional de Poesía "Ciudad de Cabra"*; *La miel del bosque*; *Lo que debemos decir hoy... los poetas*, entre otras.

Ha colaborado con Eldiario.es (2014-2016) y con CMMedia (2015-2017) con secciones sobre poesía en los programas "La colmena" y "Las dos miradas".

La observación y el asombro que dan lugar al haiku le permiten sentirse conectada con el mundo que le rodea.

COLECCIÓN "OTRO PARÍS"

rota, la anciana
se descalza en el parque.
Otro París

en la pared del metro
orina el pobre.
Vaivén de gente

paseo nocturno:
en las plazas de París
también hay ratas

Sin que lo sepan
Montmartre es el París
de los turistas.

El pobre ofrece
su pan a las palomas.
Otro París.

OTROS HAIKU

bajo la oliva
el abuelo sonríe
a la higuera

entre la piedra
y el asfalto,
brota aquella flor

la sonrisa disfraza
aquel recuerdo
frente al espejo

en la alambrada
solo la pluma
de ese gorrión

Jesús Durán

Jesús Durán López nace en Carmena, pequeño pueblo de la provincia de Toledo, aunque actualmente reside en dicha ciudad. Estudia Ingeniería Técnica Industrial en la Universidad Politécnica de Madrid, obteniendo la calificación de sobresaliente en el proyecto de fin de carrera. También tiene dos cursos de Derecho por la U.N.E.D.

En lo literario ha escrito poesía, relato breve, microrrelato y haiku. Ha participado en diversos recitales de poesía en Toledo y provincia. En 2019 participa, como invitado, en el *VI Encuentro Nacional de Haiku*, celebrado en Toledo. En 2021 participa en el Encuentro "Fusión de Poesía y Cante Jondo" de Carmena.

Uno de sus poemas forma parte del libro I Certamen Internacional Toledano "Casco Histórico", de 2013. Algunos otros están editados en el canal de YouTube "Poesía-Jesús Durán", creado por el propio autor.

Ha prologado el libro *Mariposas de seda* de Almudena María Puebla. Tiene publicado el poemario *Al aire de mis silencios* y ha sido entrevistado sobre este poemario en el programa de radio "Poesía y mucho +" de Radio Puebla y en el programa de televisión "Castilla La Mancha despierta" de TV CMM.

¿Qué es el haiku para mí?

Es cierto que el haiku manifiesta lo efímero, lo humilde, lo cotidiano y lo intrascendente, pero además es una composición que, sin quizás pretenderlo, capta la esencia del mundo que nos rodea mediante la observación, de modo que obliga a la presencia y a la contemplación del *haijin*; yo diría que es imposible el haiku sin estar en la atención, en el presente, en el aquí y el ahora. Y por tanto puede ser, quizás también, un camino hacia la meditación y la trascendencia.

Las gaviotas
andan sobre la arena -
la brisa es fría

Junto a un patio verde
huele a jazmín
y canta el mirlo

La libélula -
¡Chop! ¡chop! la carpa salta
en el pantano

Suena la fuente
y sube el fresco chorro -
detrás la estatua

El junco verde
se tumba con el viento
que ruge fuerte

Noche estival -
a la luz de la luna
los grillos cantan

Atardecer -
cientos de murciélagos
salen por la grieta

En la bodega
se oyen pisadas de uvas -
olor a mosto

La noche es fría -
palomas guarecidas
en la vieja puerta

Huele a hinojo -
en la fresca alborada
canta el gallo

El cormorán
en la roca del río -
el sol se oculta

Canta el jilguero -
cientos de florecillas
en el camino

Los crisantemos
sobre la tumba -
se oye una campana

**Otoño fresco
repleto de colores -
la niña llora.**

(dedicado a mi nieta Mara)

Muchos "sin techo" –
en la ciudad
se oye un villancico

(Manchester, Navidad 2018)

Agar R. Pacheco

Nacida en Toledo, marchó a Madrid para graduarse en Periodismo por la Universidad Carlos III de Madrid, y actualmente cursa un Máster en Documental y Reportaje Periodístico Transmedia.

Periodista vocacional, empezó a escribir a una edad temprana que ya no recuerda, pero no fue hasta la ESO cuando comenzó a interesarse por la poesía y, sobre todo, por el mundo del haiku. Fue en el Taller Literario del Colegio Mayol de Toledo donde desarrolló esta forma de escritura, y posteriormente participaría en recitales a nivel provincial y en Madrid.

Al entrar en la universidad echó en falta un espacio seguro como el que tenía en su instituto y fundó en 2019 la asociación universitaria literaria Atenea en la Universidad Carlos III de Madrid.

En cuanto a su carrera artística cabe destacar su participación en la antología "Poetas en Toledo" y en un número de la revista literaria "Hermes", y su sueño sigue siendo publicar un poemario.

Hoja del rosal
se escurre una gota,
olor a asfalto.

La lluvia fina;
aún se puede ver
el horizonte.

Sangre en el camino,
la paloma muerta
aún con plumas.

Un rayo de sol
atraviesa los árboles,
los niños quietos.

Noche de verano,
no hay mosquitos
rondando la farola.

En la autopista
posados, los gorriones
sobre farolas.

Anochece;
descansa el ciervo
bajo la encina.

Lluvia de otoño;
las hojas caídas
aún húmedas.

Del edificio
se desploma una teja,
huellas de un gato.

Noche de invierno,
colgada en la rama
una última hoja.

Un obstáculo
en mitad del sendero-
la rama seca

Brotan espigas
escondiendo
los tejados urbanos

Todo es oscuridad,
el coche se esfuma
entre la niebla

Dani Modro

Nacido en Avilés en 1984, quise ser "okupa del cielo" desde muy temprano, pero el mundo no está hecho para los soñadores, comprendí que la utopía estaba "en peligro de extinción", así que cargué mi mochila de explosivos, pero no "Avisen a los Tedax", sólo son versos, que mi cuerpo "Eskupe" con rabia, con esa bravura que absorbí del cantábrico y esa supervivencia que aprendí en La carriona.

Estoy en una etapa de invisibilidad para mi reducido público, rota con la participación en este libro prestando algunos haikus a la obra del gran impulsor de este arte en Castilla-La Mancha.

No se dejen engañar por biografías, sigo siendo un ilustre desconocido.

La verdad
se esconde
tras el haiku

Obreros en el autobús
se miran
pero no se hablan

Hasta el arbusto
más sólido
tiembla con el viento

Bajo las ruedas
de los coches
el mundo gira

Los restos de la borrasca
quedaron
en las cunetas

Nadie cruza el río
sin mojarse
la espalda

En la oscuridad
baila
el murciélago

Tras la espesa niebla
sigue
el camino

El gran árbol
también tiembla
pero resiste

Bajo la lluvia de enero
las plantas
crecen

Dos jóvenes sentados
ven llover
en su pantalla

Grandes veletas de tela
son
las banderas

Al encender la luz
se acaba
el misterio

Grandes almacenes
pequeños
cementerios

La gran ciudad
se levanta
sobre escombros

Llegó septiembre
en los bosques
hay ceniza

-

Carlos Rodrigo

Toledano nacido en Segovia el 21-10-1973, Graduado Superior en Ciencias Jurídicas por la Universidad pontificia de Comillas (ICADE) y licenciado en Derecho por la Universidad Complutense de Madrid. Grado en Antropología Social y Cultural y Grado en Lengua y Literatura españolas por la UNED. Máster en Guión de TV y ficción.

Autor del poemario *Nubes y Claros* (Celya, 2012); textos y guion del cómic *El Greco* (Sociedad de Eventos Culturales de El Greco 2013); libro de relatos *El Mirador de Rilke* (Amarante 2015). Textos y guión del cuento ilustrado *"La espada más hermosa del mundo"* (Farcama 2018). Poemario gráfico *La casa de las Fieras* (Ediciones Rilke, 2020). Novela *Antón de Goa: el toledano que emprendió la vuelta al mundo de Magallanes- Elcano* (Celya 2022)

Actualmente colabora con el diario ABC y en la revista de relatos, música, cine y libros de viajes sin destino Profesor Jonk.

CINE NEGRO

Hierve el cemento
La ciudad gira el cuello
Tacones finos

Segunda piel
Ojos de gata azul
Vestido negro

Nunca digas que
me amas mientras sonríes...
La duda infarta

Hilo de sangre
Espadas como labios
Late el silencio

Cae el telón
Negra espalda del tiempo
Fundido en rojo

Daga de luz,
sangra la yugular
del mar: arco iris

¿Para taparme
no más que un dedo, Ícaro?
Se burla el sol

Robar el fuego
a un herrero no fue
buena idea, Prometeo...

Nunca abráis un
regalo de los dioses,
llora Pandora

Jamás le pisa
los talones Aquiles
a la tortuga

DESDE MI VENTANA

Contra el cristal
de un húmedo disparo
la lluvia expira

Canosa y lacia
reluce la melena
de la cascada

Mástil de encina
casco de tierra árida
barco manchego

Sol que nos rehúye
cura orando en latín
ambos declinan

Manto humano.
Jarrea, no hay procesión:
tumba de manos

Jaime Lorente

Toledo, 1985. Profesor, escritor y editor de *Sabi-shiori*. Licenciado en Humanidades, Máster en Archivos y Patrimonio Documental y Microcredencial en Estudios Japoneses por la Universidad de Valencia. Desde 2013 dirige una *Escuela de Haikus* en el Colegio Mayol de Toledo. Ha publicado diversos poemarios y coordinado el libro «Poetas en Toledo. 103 voces en el siglo XXI» (2017). Es responsable, junto a S.Takeoka, de la serie «Buson haikushū», también de diversas traducciones y artículos para la web y revista *El Rincón del Haiku*.

Junto a la Biblioteca de C-LM y la Asociación *Intermediacción*, organiza el *VI Encuentro Nacional de Haiku*, celebrado en Toledo (2019). Ha impartido talleres y ponencias como «Oriente desde Occidente. El haiku como lazo de unión» en la Universidad Carlos III de Madrid; o «Las claves del haiku» en el Centro Cultural Hispano Japonés de la Universidad de Salamanca.

Primer Premio en el *IX Concurso Internacional de Haiku* de la UCLM a la «Mejor colección de haikus» (2018) y Premio de la ciudad de Kawasaki (Miyagi) en el 4º Concurso de haiku por Japón, Samurái Hasekura (2023).

aún el sol
en el horizonte;
tender la ropa vieja

la fuente;
una libélula muerta
sobre el agua

en aquel monte
dos hombres se alejan,
grazna un cuervo

a espaldas del sol
lanzo una piedra,
los surcos del agua

luna creciente,
caminando en la acera
miro mi cuerpo

el silencio;
la primera nieve cae
sobre la montaña

sólo un mugido;
la res desaparece
entre la niebla

el concierto;
ver al cantante
desde un móvil

entre las manos
aún el rocío
del ababol

de rodillas
una mujer en el vagón
golpeando el suelo

tras la tormenta
un niño saltando
sobre los charcos

la siesta;
una mosca sobre la boca
de la anciana

comiendo sushi
frente al pescadero;
el sonido del cuchillo

lejos del pueblo
el olor del melón podrido
tras la siembra

en el acuario
el pez *Margarita* se duerme;
los ojos abiertos

[Para Vega]

CATÁLOGO DE SABI-SHIORI

 Colección general

1.- El haiku en las aulas: una guía metodológica
Jaime Lorente

2.- Intemperie. Haiku, senryū y zappai en Toledo
Ruth Mª Rodríguez, Jesús Durán, Agar Rodríguez,
Dani Modro, Carlos Rodrigo, Jaime Lorente.

Edición en francés:
[Dehors. Haïku, senryū et zappai à Tolède]

Edición en inglés:
[Outdoors. Haiku, senryū and zappai in Toledo]

Colección Bashō

1.- *Bashō y el metro 5-7-5*

Jaime Lorente

Ediciones en francés, inglés e italiano:
[Basho et le schéma 5-7-5.
Basho and the pattern 5-7-5.
Basho e lo schema 5-7-5]

 ## Colección Shiki

1.- *Bashō zōdan*

Masaoka Shiki   (edición no comercial)
Traducción original de Lorenzo Marinucci.
Traducción al español de Jaime Lorente y Elías Rovira.

2.- *Una cama de enfermo de 6 pies de largo*

Masaoka Shiki   (edición no comercial)
Traducción al español y notas de Elías Rovira.

sabi - shiori

Sabi-shiori es un sello de publicación creado por el profesor y escritor Jaime Lorente (Toledo, 1985). Se centra en la edición de obras sobre el haiku y la cultura japonesa.

Para saber más: sabishiori.blogspot.com

Instagram: @sabishiori

Correo electrónico de contacto:

haikutoledo@gmail.com

ÍNDICE

Notas:

Printed in Poland
by Amazon Fulfillment
Poland Sp. z o.o., Wrocław

18142914R00073